AF227394

27n
340

CONFÉRENCE

FAITE A PARIS, LE LUNDI 20 FÉVRIER 1865

PAR

M. Ferdinand DELAVIGNE

Doyen de la Faculté des Lettres de Toulouse

TOULOUSE

TYPOGRAPHIE DE RIVES & FAGET

RUE TRIPIÈRE, 9

—

1866

ÉTUDE

SUR LA SOCIÉTÉ DU XVIII· SIÈCLE

FONTENELLE ET LA MARQUISE DE LAMBERT

Messieurs,

J'étais loin d'ici, quand j'ai choisi le sujet de notre entretien ; et, si j'avais pu jeter d'avance un regard sur cette immense assemblée, j'eusse hésité à le choisir. Au moment où il faudrait donner à sa parole comme à ses idées un plus haut essor, je viens tout simplement, et presque à mi-voix, vous parler de deux esprits, charmants sans doute, mais du tour le plus discret et le plus mesuré, et dont l'un surtout, par excès de goût ou plutôt de prudence, n'a jamais dit que la moitié de sa pensée, nous laissant le soin, le plaisir, et quelquefois même le péril de la compléter. — Il faudrait, devant vous, peindre largement et à grands traits, et je n'apporte qu'un portrait tout en demi-teintes et en nuances, un modeste portrait au pastel. — Le XVIIIe siècle, il est vrai, les aimait beaucoup ; et je viens vous parler de ce qui fut cher au xviii⁰ siècle. Je viens, guidé par Fontenelle, vous introduire dans ce salon où, pendant vingt-trois ans, de 1710 à 1733, la marquise de Lambert rassembla ce que la cour et la ville avaient de plus trié ; où des femmes délicates et spirituelles, mêlées aux plus grands noms et aux plus grands esprits de notre vieille France, unissaient la grâce du bien dire au don nouveau du libre penser ; où, loin de ce Versailles que Louis XIV attristait de ses revers et de ses repentirs, à côté de ce Palais-Royal où le Régent et Dubois triomphaient dans leur impudeur, elles conservaient le goût des plaisirs épurés, de la haute urbanité et de la grande élégance : retenant ainsi la tradition des cercles polis du xviie siècle, et conciliant le charme d'un passé qui va disparaître avec les tendances et les goûts d'une société nouvelle. — Voilà, Messieurs, la nuance intermédiaire qui marque le salon de Mᵐᵉ de Lambert. En elle, je peindrai l'aimable moraliste qui se crut le disciple de Fénelon, mais qui ne fut que le précurseur de Vauvenargues. Et, pour limiter mon sujet, vous me permettrez d'oublier dans Fontenelle le grand esprit, et même le bel esprit, pour le causeur charmant, à la voix faible, si vous voulez, mais à la pensée si délicate, et qui, comme on l'a si bien dit d'Andrieux, savait se faire entendre à force de se faire écouter. Dans la royauté par la grâce de l'esprit, Voltaire ne fit que succéder à Fontenelle ; ou plutôt, pendant cinquante ans, Fontenelle fut le roi incontesté de ces salons qui, au xviiie siècle, furent plus qu'un ornement ou une distraction, mais une institution toute puissante. — Durant vingt années, il présida le cercle poli qui se réunissait chez Mᵐᵉ de Lambert ; et après la mort de son amie, il transporta chez Mᵐᵉ de Tencin d'abord, puis chez Mᵐᵉ Geoffrin, cet art de la conversation qu'a si bien dépeint le duc de Noailles, « cet art dont les règles ne peuvent se dire, qui s'ap-

» prend à la fois par la tradition et par un sentiment inné
» de l'exquis et de l'agréable, où la bienveillance, la sim-
» plicité, la politesse nuancée, la variété de tons et de su-
» jets, le choc des idées différentes, les récits piquants et
» animés, une certaine façon de dire et de conter, les bons
» mots qui se répètent, la finesse, la grâce, la malice,
» l'abandon, l'imprévu, se trouvent sans cesse mêlés et
» forment un des plaisirs les plus vifs que des esprits déli-
» cats puissent goûter. » C'est ce côté de physionomie que,
dans Fontenelle, je voudrais marquer d'un trait net et ra-
pide : et sur ces points seulement j'appelle toute votre sym-
pathique attention.

I.

Ce mélange exquis de goût, d'art et de génie, qu'on appelle la littérature française, s'est formé sous la double influence de l'antiquité d'abord, et de la société ensuite. — Le XVIe avait amassé les matériaux de la science ; le XVIIe siècle les mit en œuvre. — Pour cette tâche commune de la pensée saine et solide, de la bonne langue et du bon goût, ses hommes de lettres et ses hommes du monde et du plus exquis, sont réunis : et dans le *cabinet bleu* de l'hôtel de Rambouillet se rencontrent pour la première fois, sur un terrain égal, et se réconcilient, les diverses aristocraties de la naissance, de la fortune et de l'esprit. — Toutes ces femmes distinguées et charmantes ; toute cette élite de la noblesse française, sont les vrais collaborateurs de ces génies, pleins de délicatesse et d'idéalisme, qui restent la gloire pure et à jamais durable du XVIIe siècle. — Versailles, sous ses lambris superbes et comme sous l'œil du grand roi, réunira bientôt cette société qui, au sortir des hôtels de Rambouillet, de Richelieu, d'Albret, s'était arrêtée un instant avec Pellisson, avec Mme Scarron et Lafontaine, sous les ombrages délicieux de Vaux, près du spirituel et infortuné Fouquet. — Durant les quarante dernières années du XVIIe siècle, il n'y aura plus qu'un salon, comme il n'y a plus qu'un maître. Et dans ce salon, gouverné par Louis XIV, l'esprit aura comme sa maison privilégiée, cette maison des Mortemart, au tour si particulier, si délicat, si fin, nous dit Saint-Simon, mais toujours si naturel et si agréable qu'il se faisait distinguer à son caractère unique.

Cependant, Louis XIV vieillissait. Il survivait presque à sa gloire, et en tout cas à sa fortune. Et les revers de ses dernières années ne lui donnaient que trop le droit de dire à Villeroy : « Maréchal, on n'est plus heureux à notre âge. » Sa dévotion devient sombre : et les jeunes générations, qui n'ont pas encore la nécessité et surtout le goût du repentir, protestent en se retirant. Elles se disent un peu, comme la piquante Caylus quand elle reçut l'ordre de quitter Versailles, où son esprit faisait trop tapage : « Tant mieux, on s'ennuie si fort dans ce pays-ci, que c'est être exilés que d'y vivre ! » Aussi s'en exilait-on aisément. Les délicats allaient à Sceaux, chez la duchesse du Maine, et assistaient, dans cette Arcadie idéale et raffinée, à ces *grandes nuits*, assaisonnées de jeux, d'illuminations, de feux d'artifice, et qui avaient pour intermèdes les opéras de Malezieux ou les comédies de Mlle Delaunay. — Les libertins, les esprits forts préféraient la société des Vendomes, et se groupaient au Temple ou au château d'Anet. — Les gens d'esprit aiment surtout Paris, où l'on vit, où l'on cause, où l'on pense si librement ; ils peuplent ces cafés, si nouveaux alors, si célèbres depuis, et qui font justement déserter les *cabarets*, trop hantés au xviie siècle. Ils se répandent dans ces salons des Caylus, des Tencin, des Geoffrin, de toutes ces femmes diversement célèbres qui accueillirent et charmèrent tour à tour, d'un doux et dernier rayon, la vieillesse attiédie de Fontenelle. — Aujourd'hui, je ne veux avec lui que pénétrer, mais discrètement, dans une de ces réunions qui éclairent d'une vive lumière la formation de l'esprit naissant du xviiie siècle, dans ce salon de Mme de Lambert qui peint si au vif ce que j'appellerais le

Paris nouveau, le Paris qui a hérité de Versailles, la société de la ville qui se distingue des réunions de la cour.

Mais, d'abord, qu'était Mme de Lambert? et puisqu'il s'agit d'un écrivain moraliste, nous avons le droit d'interroger sa vie, et de lui dire : Qui es-tu, et que vaux-tu? — S'il faut en croire Fontenelle, voici la première question qu'on fait sur une femme qu'on ne connaît point : Est-elle belle? — La seconde : A-t-elle de l'esprit? — Il arrive rarement qu'on fasse une troisième question. Malgré la rareté du fait, cette troisième question sera pour nous la première, et tout en étudiant les œuvres de Mme de Lambert, qui nous prouveront son esprit, nous voulons esquisser sa vie, qui nous prouvera son cœur.

Anne-Thérèse de Marguenat de Courcelles naquit en 1647, et mourut en 1733, à l'âge de quatre-vingt-six ans. — Elle touche ainsi aux deux siècles, voit fleurir et finir l'un, et commence l'autre. Elle était fille d'un père assez vulgaire, maître en la Chambre des comptes, et qui n'eut d'autre mérite que de lui laisser une fortune considérable. Sa mère, d'une jeunesse légère, et même, s'il faut en croire Tallemant, fort brouillée avec la pudeur, épousa en secondes noces ce joyeux Bachaumont, qui partagea tout avec Chapelle, plaisirs, voyages, esprit et gloire. Bachaumont surveilla l'éducation de cette jeune fille à l'esprit précoce : et sans déprécier son voyage fameux, nous pouvons dire que Mlle de Marguenat Courcelles reste encore son plus charmant ouvrage.

Elle sentit que du côté maternel il y avait quelque chose à réparer; et comme elle était de ces aimables caractères qui ont une convenance naturelle et délicate avec la vertu, elle s'y employa de bonne heure. Tout en se prêtant aux choses, elle ne s'y donnait pas. « Et souvent, nous dit Fontenelle, qui la connaissait si bien, elle se dérobait aux plaisirs de son âge pour aller lire en son particulier, et elle s'accoutuma dès-lors, de son propre mouvement, à faire de petits extraits de ce qui la frappait le plus. C'étaient déjà ou des réflexions fines sur le cœur humain, ou des tours d'expression ingénieuse, mais le plus souvent des réflexions. » Elle s'essayait ainsi à justifier ce qu'elle dira plus tard : « Il faut convenir que ceux qui s'occupent de réflexions et qui se remplissent le cœur de principes, sont plus près de la vertu que ceux qui les rejettent. » Mariée à vingt ans, en 1666, au marquis de Lambert, qui devint plus tard lieutenant-général des armées du roi et gouverneur de la ville et duché de Luxembourg, elle rencontra en lui une âme grande et forte : et dans cette union heureuse, qui dura vingt années, elle prit, ou plutôt elle entretint cet amour de la gloire qui parfois donne à son esprit un peu grêle, un peu fin, des allures si hautes et si fières. Elle le perdit en 1686, et resta seule avec deux enfants, une fortune considérable, mais embarrassée de longs et cruels procès qu'elle soutint et gagna. « J'ai fait ce que j'ai pu, dit-elle modestement à son fils, pour mettre quelque ordre à nos affaires, où l'on ne laisse aux femmes que la gloire de l'économie. » Mais cette gloire, elle la mérita tout entière, par son esprit d'ordre, de vigilance, de fermeté persévérante, toutes qualités qui font la femme forte et qui n'empêchent pas, quoi qu'on dise, la femme instruite et élégante. — Mais la fortune de ses enfants la préoccupa moins que leur éducation, et ce sont eux qui lui inspirèrent ses deux meilleurs ouvrages, *Avis d'une mère à son fils*, *Avis d'une mère à sa fille*, qui ne parurent que bien tard en 1728, et encore après qu'elle eut fait l'impossible pour n'être pas imprimée. — « Je respecte et redoute le public, écrit-elle à ce propos; je n'ai jamais voulu d'autres spectateurs qu'un très petit nombre d'amis estimables; voilà mon théâtre ; nous autres femmes, nous ne sommes que pour être ignorées. » — Ajoutez quelques pages sur l'amitié, son traité courageux sur la vieillesse (ce mot que les femmes n'aiment guère et que Mme de Staël craignait tant), des réflexions sur les femmes, dont la gravité dut parfois étonner cet épicurien abbé de Choisy, qui était de ses amis et les lui avait fait composer, quelques portraits, une ébauche de roman et quelques lettres : et vous avez toute l'œuvre littéraire, ou plutôt morale et presque maternelle de Mme de Lambert, qui n'écrivait que pour l'amélioration de son âme, l'instruction de ses enfants, et n'y trouva la gloire que par surcroît.

Les hommes, disait Fontenelle, donnent volontiers à la philosophie leurs maux à considérer, mais non pas à guérir ; et ils ont trouvé le secret de faire une morale qui ne les touche pas de plus près que l'astronomie. — Mme de Lambert ne pensait pas ainsi ; et sa philosophie était plus pratique, plus agissante. En effet, et sous ce rapport, elle offre quelque ressemblance avec la royale fondatrice de Saint-Cyr, elle a le goût de la morale prêchée et enseignée, d'une éducation à la fois tendre et sévère, qui hausse le cœur par le sentiment, et fait acquiescer la volonté libre au devoir. Son but toujours contemplé, son mobile, son coup de clairon perpétuel, c'est la gloire ! et je ne sais trop ce qu'eussent pensé des lignes suivantes un Pascal ou un Bossuet : « La grande gloire a toujours la fortune à sa suite. On ne peut avoir trop d'ardeur de s'élever, ni soutenir ses désirs d'espérances trop flatteuses. — Il faut par de grands objets donner un grand ébranlement à l'âme, sans quoi elle ne se mettrait point en mouvement. — Quelque ardent, quelque vif que soit votre amour pour la gloire, vous demeurerez encore bien en deçà du terme ; mais quand vous n'iriez qu'à moitié chemin, il est toujours beau d'avoir osé. — Rien ne convient moins à un jeune homme qu'une certaine modestie qui lui fait croire qu'il n'est pas capable de grandes choses. Cette modestie est une langueur de l'âme qui l'empêche de prendre l'essor, et de se porter avec rapidité vers la gloire (1). »

Nous entendons là comme le prélude d'une sagesse nouvelle. L'homme, qui a perdu tous ses titres et jusqu'à la vanité de ses ambitions sous un christianisme austère, va y rentrer avec excès. J'entrevois Vauvenargues, et toutes les fières vertus de ce stoïcisme nouveau qui se réconcilie si aisément avec l'humaine nature. J'entends déjà cette philosophie altière qui veut se suffire à elle-même, et que Rousseau, s'il la dément par sa vie, glorifiera du moins par ses théories éloquentes. Et comme lui déjà, Mme de Lambert croit à la nature, à sa bonté, à sa force primitive ; elle ne veut pas la détruire, mais la perfectionner par l'habitude du respect pour soi-même, par le sentiment intérieur d'un honneur délicat, par une hauteur d'âme qui a horreur de tout ce qui est bas et se porte vers tout ce qui est libéral et grand. — En somme, tous ses ouvrages d'éducation ne sont plus qu'un code de morale humaine et mondaine, un traité sur l'honnête homme, non pas comme l'entendait le xviie siècle avec le chevalier de Méré, mais comme le définiront Vauvenargues et les moralistes du xviiie siècle. Aussi malgré toutes ses recommandations sur le culte dû à l'Etre suprême et sur la soumission à la religion établie, nous comprenons bien que Fénelon demande plus, et fasse sentir ce qui les sépare sans les désunir, quand il écrit à M. de Sacy : « Je ne serais peut-être pas tout à fait d'accord avec elle sur toute l'ambition qu'elle demande de son fils ; mais

(1) *Avis d'une mère à son fils.*

nous nous raccommoderions bientôt sur toutes les vertus par lesquelles elle veut que cette ambition soit soutenue et modérée. » — Disciple de Sénèque, de Plutarque, de Saint-Evremond qu'elle appelle *une grande autorité*, de Montaigne qu'elle cite avec amour, Mme de Lambert se trompe quand elle nous dit : « J'ai trouvé dans Télémaque les préceptes que j'ai donnés à mon fils, et dans l'éducation des filles les préceptes que j'ai donnés à la mienne (1). — Non, elle ne relève pas de Fénelon. Il lui manque cet accent chrétien d'humilité et d'abnégation, cette maternité tendre qui met une grâce si attirante sur les lèvres du pasteur de Cambrai, et amène si aisément autour de lui tous ceux qui sont petits. — Il lui manque surtout le goût de sa pure simplicité. Cette nuance de raison et d'agrément, qui, réunis, ont un charme indéfinissable, cette fleur de grâce simple et soudaine qui faisait dire de Mme de Caylus à propos de ses *Souvenirs qu'elle n'avait jamais tâché*, fait trop défaut à Mme de Lambert. Son langage est toujours poli, mais d'une politesse trop achevée. Sa prose, fine et serrée, abuse parfois de cette finesse et du trait. Elle veut faire entendre au-delà de ce qu'elle dit, et fait plus penser que rêver. Mais à côté des défauts que je signale, que de tours et d'expressions délicates! Que de pensées exquises! Que de réflexions prises dans le vrai de son âme! Car, en moraliste digne de ce nom, elle a bien une âme à elle. — Je voudrais confier à vos mémoires quelques-unes de ses maximes. Car, en France, les lettres instruisent d'une façon si douce, avec une insinuation si aimable! elles s'adressent si bien à tout ce que nous avons de délicat et de tendre! elles sont si pleines de ce que Shakespeare a appelé le lait de la tendresse humaine!

(1) Lettre à l'archevêque de Cambrai.

« Il faut avoir une pudeur tendre, dit Mme de Lambert...
On dit que Jupiter, en formant les passions, leur donna à
chacune sa demeure. La pudeur fut oubliée ; et quand elle
se présenta, on ne savait plus où la placer. On lui permit
de se mêler avec toutes les autres, et depuis ce temps-là,
elle en est inséparable.

» Il faut que les femmes aient un mérite aimable, et
qu'elles joignent les grâces aux vertus.

» L'art le plus délicat ne se fait point sentir.

» Dans la jeunesse, on songe à vous ; dans la vieillesse,
il faut songer aux autres.

» Faites que vos études coulent dans vos mœurs, et que
tout le profit de vos lectures se tourne en vertu.

» Le plaisir le plus délicat est de faire le plaisir d'autrui.

» Plus les sentiments sont retenus, plus ils sont vifs.

» La plus grande marque qu'on est né avec de grandes
qualités, c'est d'être sans envie.

» L'esprit plaît ; mais c'est le cœur qui lie.

» Le goût donne des sentiments délicats.

» Rien ne peut plaire à l'esprit qu'il n'ait passé par le
cœur. »

II.

Mais il faut se dérober à ces pages charmantes. — J'ai
secoué la gerbe; j'en ai détaché quelques épis, et j'aurais
pu faire plus encore. Mais le temps presse ; nous avons
hâte de connaître ceux qui entourent Mme de Lambert,
d'entrer dans son cercle poli, dans cette Académie où l'on
cause. Sans doute, son traité sur l'amitié est excellent. Mais
ce que j'en préfère encore, ce sont les preuves à l'appui,
c'est-à-dire, les amis qui la caractérisent : — « On nous
cherche dans eux, dit finement Mme de Lambert; et les
avouer, c'est donner au public notre portrait et l'aveu de
ce que nous sommes. — Quels étaient donc ces amis, portraits vivants de Mme de Lambert, et, d'abord, où se réunis-
saient-ils ? A Paris, où elle s'était fixée depuis la mort de
son mari et après la fin de ses longs procès, vers 1703;
dans la partie du palais Mazarin, où était autrefois la bibliothèque du cardinal, à l'extrémité de la galerie, au-dessus
de la rue Colbert. Et son salon même était précisément
situé sur l'emplacement occupé de nos jours par le cabinet
des médailles de la bibliothèque impériale. C'est là qu'elle
établit une maison où il était honorable d'être reçu ; la
seule, à un petit nombre d'exceptions près, nous dit Fontenelle, qui se fût préservée de la maladie épidémique du
jeu ; la seule où l'on se trouvât pour se parler *raisonnablement* les uns aux autres, et même, *avec esprit*, selon l'occa-
sion. — Raisonnablement, j'en suis sûr, en voyant le nom

des habitués de ses Mardis, Mairan, le futur secrétaire perpétuel de l'Académie des sciences, D'Argenson, le vieux Lassay, l'abbé Alary, qui fonda le club de l'Entresol, le père Buffier, Sacy, qui lui dédia son traité sur l'amitié, l'abbé Mongault, qui avant tant de vapeurs : terrible maladie, disait-il, car elle me fait voir les choses telles qu'elles sont. — Avec esprit : j'en doute moins encore, puisque là se rencontraient l'abbé de Bragelonne, le chevalier d'Aydie, si cher à Montesquieu, l'abbé de Choisy, de Polignac, qui sait tout, dit Mme de Sévigné, parle de tout, et avec toute la douceur, toute la vivacité, toute la complaisance qu'on peut trouver dans le commerce, Mlle de Launay, l'aimable ambassadeur de la duchesse du Maine auprès des réunions du mardi, Lamotte, Saint-Aulaire, qui, son quatrain et sa chanson en main, entra, un peu de vive force et poussé par la marquise, dans les rangs de l'Académie française, malgré Boileau qui vint tout exprès d'Auteuil pour protester. — C'est que notre salon était devenu peu à peu une puissance. — « On n'était guère reçu à l'Académie, remarque d'Argenson, que l'exemple de Saint-Aulaire avait affriandé et qui songea un instant à en être, que l'on ne fût présenté chez elle et par elle. Il est certain qu'elle a bien fait la moitié de nos académiciens actuels. » Et c'est chez Mmes de Tencin, de Geoffrin, chez Mlle de Lespinasse, pourrons-nous ajouter, que bientôt se feront tous les autres. — Les grandes questions du siècle nouveau commençaient à s'agiter. Les Lettres persanes venaient de paraître, et avec elles, le premier journal du XVIIIe siècle ; car on y trouve tout, depuis le feuilleton leste, le premier-Paris polémique et railleur, jusqu'à l'article variétés politiques, économiques et religieuses. — Mais ce qui, dans les réunions de Mme de Lambert, passait encore avant la religion et la politique, ce qui défrayait surtout la conversation, c'était la grande querelle des anciens et des modernes, la formidable insurrection contre Homère et contre l'antiquité dont le drapeau, un instant tenu par Charles Perrault, était maintenant passé aux mains d'un des plus fidèles habitués du mardi, de Lamothe Houdard. Mme de Lambert, quoiqu'elle eût pris son parti de la vieillesse et qu'elle l'eût regardée en face puisqu'elle avait écrit sur elle un courageux traité, était femme, et par conséquent pour Lamothe et les modernes. Homère l'ennuyait ; elle a le courage de le dire. Mais Lamothe l'enchantait : elle l'avouait avec la même intrépidité. Elle eut dit volontiers avec Molière : Les anciens sont les anciens et nous sommes les gens de maintenant. — Mais au fond, elle n'était pas pour la guerre, pour les gros mots et les duels littéraires. Elle eut voulu tout pacifier, tout raccommoder : ses lettres nous l'attestent. Et vraiment, c'est chez elle, dans son salon, et non pas chez Valincourt, qu'aurait dû se passer le fameux dîner de réconciliation entre les anciens et les modernes, que Mlle de Launay nous a raconté de façon si piquante : « Lamothe, à la tête de ceux-ci, vivement attaqué par Mme Dacier, avait répondu poliment, mais avec force. Leur combat, qui faisait depuis longtemps l'amusement du public, cessa par l'entremise de M. de Valincourt, leur ami commun. Après avoir négocié la paix entre eux, il en rendit l'acte solennel dans cette assemblée où les chefs des deux partis furent convoqués (1). J'y représentais la neutralité. On but à la santé d'Homère, et tout se passa bien. » Disons toutefois que, grâce à Lamothe, Mme de Lambert put bien se réconcilier avec les anciens, mais non pas avec les manières un peu surannées de leur vénérable chef. Et quand, après la mort de celle qui avait traduit et si vigoureusement défendu Homère, on proposa

(1) Le 5 avril 1716.

de marier Mlle Delaunay avec M. Dacier resté veuf, Mme de Lambert, consultée, répondit, non pas en Philaminte éprise de savoir, mais un peu comme la sage Henriette : « Que feriez-vous d'un homme tout hérissé de grec? Et quel cas fera-t-il de vous qui n'en savez pas un mot?...» La science un peu rébarbative n'avait, comme vous le voyez, qu'une entrée discrète dans cet esprit délicat, et surtout dans ce salon où régnaient les mœurs élégantes, l'urbanité exquise, la conversation de Versailles mêlée à ce je ne sais quoi de libre et d'oseur qu'on ne trouvait plus qu'à Paris?

Celui pour qui s'ouvrait la porte à deux battants, ou plutôt le vrai roi de ces réunions du mardi, était cet homme à l'âme demi-voilée et à peine entrevue, circonspect jusque dans ses hardiesses, et dont la main souvent fermée ne s'ouvrait qu'à demi pour laisser échapper bien des vérités. Il souriait souvent, sans rire jamais; n'interrompait guères, et peu pressé de parler, écoutait jusqu'au bout, ne fût-ce que pour reposer sa poitrine. — C'est une montre à répétition, disait l'abbé Terrasson, qui ne sonne que quand on l'appelle. — Respectueux, timide, craignant presque d'avoir raison, et semblant demander pardon de la liberté grande, en garde contre cette philosophie qui s'accommode moins des milieux que des extrémités, Fontenelle, car vous l'avez déjà reconnu, donnait à tous le ton, avec son analyse fine et nuancée, son talent si français de conversation, son esprit si libre, si hospitalier, sans parti pris. — De bonne heure, il avait tâché de ne se fâcher de rien, disait-il à l'abbé Trublet; et il y avait fort réussi. Car les exigences de son esprit s'arrêtaient à propos devant une grande complaisance de caractère. — « Comment vous êtes-vous fait tant d'amis, lui demandait-on, et si peu d'ennemis? — En trouvant tout possible, et que tout le monde a raison. » — **Aussi** ses passions ne sont pas ardentes, mais frileuses, comme eût dit Montaigne, et contenues comme sa pensée. — Sa conversation étincelle de mots fins ; mais, avec lui, il faut rétablir l'accent, les sous-entendus. Il commence, vous l'achevez, vous le complétez vous-même : et libre à vous, si la vanité vous en dit, de croire que vous partagez par moitié l'esprit de Fontenelle. — « M. le Régent, disait-il, veut se familiariser avec moi, mais je le repousse par le respect. — Un jour qu'on avait longuement et peut-être lourdement disserté sur la fragilité de ces choses humaines que nous croyons éternelles, parce que, trop jeunes pour les avoir vues naître, nous sommes trop éphémères pour les voir mourir : « Les roses, dit-il pour résumer, ne sont-elles pas persuadées que le jardinier est un être immortel, parce que, de mémoire de rose, on n'a pas vu mourir un jardinier. » — Une autre fois, on montrait à la compagnie un petit ouvrage d'ivoire d'un travail si délicat qu'on n'osait le toucher, de crainte de le briser. Chacun l'admirait. — Pour moi, dit Fontenelle, je n'aime point ce qu'il faut tant respecter. — La belle marquise de Flamarens survint tandis qu'il parlait ; il se retourne, l'aperçoit et ajoute : « Je ne dis pas cela pour vous, Madame. » — Je pourrais citer ici mille mots pleins de sel et de finesse, et qui sont restés comme les proverbes de l'esprit de Fontenelle. Mais vous les savez tous. Et je ne veux remarquer ici qu'un point peu connu, c'est qu'en vrai fils du xviiie siècle, le moraliste, chez Fontenelle, tournait aisément au politique. L'abbé Trublet nous raconte qu'il avait toujours eu dans la tête de faire, à l'exemple d'Aristote et de Platon, une politique, un plan de législation, un gouvernement et, comme il disait, une république. Il en parlait souvent ; il en avait le plan dans sa tête, mais il se gardait bien de l'en faire sortir. Fontenelle aimait trop son repos, et se souciait peu de la Bastille, qu'habitait déjà le jeune Arouet avant son exil en Angleterre. Il n'était pas, lui, l'avocat des causes compromettantes ; et, d'humeur médiocrement héroïque, il ne tenait pas, comme J.-J. Rousseau, à respirer à pleins poumons cette *âcre fumée de la gloire qui fait tant pleurer*. — Mme de Lambert était plus sensible à cette gloire et avait les goûts plus hasardeux. C'était peut-être le seul point qui séparât ces deux esprits extrêmement faits l'un pour l'autre. Car, sur tout autre, il y avait, entre eux, convenance bien délicate, mariage d'inclination et de raison. Fontenelle avait plus d'idées ; mais Mme de Lambert avait plus de principes. Il éclairait son esprit, mais elle relevait et fortifiait son cœur. — Dans un siècle qui allait placer la sagesse dans le bonheur et le bonheur un peu trop dans le plaisir, tous deux placèrent d'abord le bonheur dans la sagesse. Tous deux portèrent le même tour de réflexion ingénieuse dans les sentiments du cœur et dans la direction de la vie. Et quand je lis l'épilogue de cet *Essai sur le bonheur,* où Fontenelle a comme résumé toute sa philosophie et fait son acte de foi morale, je ne sais vraiment si c'est lui qui parle ou la raisonnable marquise. — Aidée de Fontenelle et grâce à sa diplomatie fine et déliée, Mme de Lambert gouverna pendant vingt-trois ans cette société nombreuse d'hommes et d'esprits de qualité, où les mœurs restèrent pures, les manières toujours élégantes, tandis que les idées se renouvelaient ; et elle mérite ainsi sa place dans notre histoire littéraire, non-seulement par ses œuvres, mais par cette direction délicate et nouvelle qu'elle imprime à l'esprit et au goût public. Après sa mort, en 1733, Fontenelle, qui ne mourait jamais, passa successivement chez Mme de Tencin, puis chez Mme Geoffrin. Car, d'un salon à l'autre, ce furent là tous ses voyages ; et il ne sentait pas le besoin de parcourir l'Europe, comme

Montesquieu et Voltaire. Mais son cœur, comme ses plus chers souvenirs, étaient restés dans ce premier salon du palais Mazarin. Et quand, à quatre-vingt-quinze ans, nous dit Buffon, on lui demandait quelles étaient les vingt années de sa vie qu'il regrettait le plus, il répondit qu'il regrettait peu de chose, que néanmoins l'âge où il avait été le plus heureux était de cinquante-cinq à soixante-quinze ans. — C'était le temps de son règne chez l'aimable marquise. — Bon gré mal gré, il lui fallut quitter cette vie conduite avec tant d'art, prolongée par sa discrète habileté, et où il semblait avoir trouvé la solution du problème que Tacite déclarait insoluble : *Nemo eodem tempore assequi potest magnam famam et magnam quietem.* — Un jour qu'on avait beaucoup .discuté sur la manière de mourir convenablement, on finit par demander l'avis de Fontenelle, qui était resté muet : En général, répondit-il, on se préoccupe beaucoup de mourir; mais je vois heureusement que tout le monde s'en tire. — Il s'en tira, à son tour, et fort heureusement. Après avoir envoyé devant lui ce qu'il appelait *ses gros équipages*, c'est-à-dire ses yeux, car il n'y voyait plus, et son ouïe, car il n'entendait guère; tranquille, souriant, bravant ces rides, qui purent s'attacher à son visage et jamais à son esprit, il s'éteignit sans douleur, sans secousse, le dimanche soir 9 janvier 1757, âgé de cent ans moins un mois, entouré d'amis nombreux et tendres, à qui, quelques jours avant, il rappelait cette belle et consolante parole : « Je suis Français, j'ai vécu cent ans, et je n'ai jamais donné le plus petit ridicule à la plus petite vertu. »

C'est beaucoup sans doute, mais ce n'est pas tout. Et sans vouloir ici nous écarter de cette réserve, de cette mesure dont son nom semble le symbole, sans être ingrats vis-à-vis d'un esprit charmant et sans répéter avec Mme de Tencin que Fontenelle avait deux cerveaux et pas de cœur, disons seulement que dans le beau, dans le vrai comme dans le bien, il manqua d'idéal, et que sa gloire, de plus en plus décolorée, en porte justement la peine. Son cœur ne fut pas au niveau de son génie ; et il manqua toujours à ce dernier des délicats, cette hauteur d'âme, ce dédain de tout ce qui n'est pas l'homme même, cette passion des grandes choses et de la grande gloire, que Mme de Lambert prêcha tant de fois et avec éloquence, et dont elle donna du moins le précepte, ne pouvant en donner l'exemple.

C'est là, disons-le en terminant, ce qui la rend à nos yeux si attachante, et lui fait ouvrir avec distinction cette galerie de femmes diversement illustres qui vont peupler le xviiie siècle. Je sais bien qu'un grand écrivain dont on ne doit prononcer le nom qu'avec respect dans cette enceinte, M. Victor Cousin, a dit :

« Nulle âme, nulle conviction, nul grand dessein sur soi-même et sur les autres, telles sont les femmes du xviiie siècle, et ce n'est pas moi qui me propose de leur servir d'historien. » Le jugement me semble trop dédaigneux, et d'une exclusion bien sévère. — Un siècle qui s'ouvre avec Mme de Lambert, qui s'éclaire de l'esprit si net et si vif de Mme Du Deffand, de la grâce passionnée de Mlle de Lespinasse, ou de Mme d'Houdetot, et qui s'achève par Mme Necker, Mme Roland et Mme de Staël, a droit de rencontrer un historien, non pas toujours prodigue d'un éloge intarissable, mais réservé, d'admiration parfois discrète, et aussi, souvent émue par tant de grâce, de fierté et de grandeur. — Sans doute, c'était au milieu des fêtes et par de jolies bouches que se propageait cet enseignement des salons, ce goût d'une philosophie qui était une mode avant d'être une toute puissance ; mais ces conversations piquantes, légères, mêlées d'éloquence et de poésie, engageaient l'escarmouche utile et préparaient la grande victoire. —

Pour moi, je ne suis pas ingrat envers nos pères : Fils du xixe siècle, l'admirant dans ses grandeurs sans le méconnaitre toutefois dans ses faiblesses, je me souviens toujours et avec un filial respect que c'est là, dans ces salons disséminés, dans ces foyers de grâce, d'esprit, d'idées libres et toujours renouvelées, qu'apparut et s'affirma pour la première fois cette grande puissance, cette grande liberté, qui subsiste encore si fort de nos jours, la puissance et la liberté de l'opinion publique. Elle fait au xviiie siècle ce que les chansons faisaient sous Mazarin, ou les pamphlets et les sermons sous Louis XIV : elle tempère la monarchie absolue. Conscience, d'abord un peu vague, un peu confuse des besoins, des aspirations de tous, elle prend peu à peu corps et voix ; elle se glisse, et trouve dans les salons un premier asile : et c'est de là qu'elle réclame la liberté, la tolérance, la charité appliquée à tous, c'est-à-dire la justice sans vénalité, sans cruauté et sans torture, le respect de l'homme, et, autant que faire se peut ici-bas, son bonheur. — La source, étroite et maigre au début, est devenue le fleuve immense où nous puisons tous à pleins flots. La reconnaître, la célébrer au point de départ, c'est faire acte de cordiale et utile reconnaissance. — Aussi je ne crois pas que nous ayons perdu notre temps, vous en écoutant, moi en racontant cette page modeste, ou plutôt cette préface nécessaire de l'histoire de la société nouvelle et de l'opinion publique en France au commencement du xviiie siècle.